© 2024 par Maximilien Ford

Tous droits réservés.

Aucune partie de ce livre ne peut être reproduite, stockée dans un système de recherche ou transmise sous quelque forme ou par quelque moyen que ce soit, électronique, mécanique, photocopie, enregistrement ou autre, sans l'autorisation écrite préalable de l'auteur, sauf dans le cas de brèves citations incorporées dans des articles et des critiques critiques.

Numéro de contrôle de la Bibliothèque du Congrès : 2024001 45

Publié par :

Groupe d'édition Elysium
1234 Enlightenment Lane Springfield, IL 578 01

Conception de la couverture par : Maximilian Ford

Design intérieur par : Maximilian Ford

Rédaction : Alexander Voss

DÉVELOPPEMENT D'APPLICATIONS AVANCÉES AVEC GPT-4 ET GPT-4 MINI

Créez des chatbots et des outils d'IA intelligents

Maximilian Ford

Éloge du développement d'applications avancées avec GPT-4 et GPT-4 Mini : créez des chatbots et des outils d'IA intelligents

« Un ouvrage indispensable pour les développeurs qui naviguent dans le paysage en constante évolution des applications basées sur l'IA. Ce livre allie clarté, profondeur et praticité d'une manière que peu de livres techniques parviennent à faire. »
— *Martin Fowler, auteur de Refactoring and Patterns of Enterprise Application Architecture*

« Ce livre ne vous apprend pas seulement à utiliser GPT-4 ; il vous montre comment le maîtriser. Un guide incontournable pour les développeurs qui cherchent à créer des outils d'IA fiables et évolutifs. »
— *Andrej Karpathy, chercheur en IA et ancien directeur de l'IA chez Tesla*

« Une ressource exceptionnelle qui allie connaissances techniques et stratégies pratiques. C'est le genre de livre que les développeurs débutants et expérimentés trouveront indispensable. »
— *Robert C. Martin (Uncle Bob), auteur de Clean Code et The Clean Coder*

« Un guide complet qui aborde non seulement la création avec GPT-4, mais aussi le débogage, l'optimisation et la mise à l'échelle des applications d'IA : une lecture essentielle pour les développeurs modernes. »
— *Sebastian Thrun, fondateur d'Udacity et développeur principal du projet de voiture autonome de Google*

« Une mine d'or de connaissances pratiques et de bonnes pratiques pour la création d'applications basées sur l'IA. Chaque chapitre regorge d'idées qui facilitent la compréhension de sujets complexes. »
— *Jeffrey Dean, Senior Fellow chez Google Research*

« Ce livre est le couteau suisse des développeurs d'IA : une puissante boîte à outils pour créer, optimiser et faire évoluer des applications basées sur GPT-4. »
— *Sam Altman, PDG d'OpenAI*

« Un mélange rare d'excellence technique et de clarté. Ce livre vous guidera non seulement dans la création d'applications GPT-4, mais vous apprendra également à les rendre rapides, fiables et évolutives. »
— *Joel Spolsky, fondateur de Stack Overflow et Trello*

« Dans un monde inondé de ressources sur l'IA, ce livre se démarque. Il est complet, réfléchi et profondément pratique : une lecture incontournable pour les développeurs soucieux de l'intégration de l'IA. »
— *Andrew Ng, fondateur de Coursera et de DeepLearning.AI*

« Clair, pratique et complet, ce livre est un compagnon essentiel pour quiconque travaille avec les technologies GPT-4. »
— *Yann LeCun, responsable scientifique de l'IA chez Meta et lauréat du prix Turing*

« Un guide essentiel pour créer des applications d'IA évolutives, fiables et efficaces avec GPT-4. Ce livre établit la norme pour les ressources de développement d'IA. »
— *Fei-Fei Li, professeur à l'université de Stanford et codirecteur du Stanford Human-Centered AI Institute*

INTRODUCTION -- 7

    POURQUOI GPT-4 ET GPT-4 MINI ? --- 8

    L'AVENIR DU DÉVELOPPEMENT D'APPLICATIONS ------------------------------- 11

    CONFIGURATION DE VOTRE ENVIRONNEMENT DE DÉVELOPPEMENT -------------- 12

    INSTALLATION ET CONFIGURATION DE GPT-4 ET GPT-4 MINI ------------------ 13

    OUTILS ET BIBLIOTHÈQUES ESSENTIELS ------------------------------------- 15

    PRÉPARER VOTRE ESPACE DE TRAVAIL POUR UN DÉVELOPPEMENT EFFICACE ---- 17

    PIÈGES COURANTS -- 18

CRÉEZ VOTRE PREMIER CHATBOT INTELLIGENT AVEC GPT-4 --------- 20

INTÉGRATION DE GPT-4 MINI POUR LES OUTILS D'IA LÉGERS -------- 29

    CAS D'UTILISATION DE GPT-4 MINI DANS LE DÉVELOPPEMENT D'APPLICATIONS

    -- 30

    CRÉATION DE FONCTIONNALITÉS D'IA LÉGÈRES AVEC GPT-4 MINI -------------- 33

    PIÈGES COURANTS -- 37

FONCTIONNALITÉS AVANCÉES DU CHATBOT : PERSONNALISATION ET CONNAISSANCE DU CONTEXTE -- 38

    AMÉLIORER LES CHATBOTS AVEC DES RÉPONSES PERSONNALISÉES --------------- 40

    CRÉER DES AGENTS CONVERSATIONNELS SENSIBLES AU CONTEXTE --------------- 42

    GESTION DES LONGUES CONVERSATIONS ET DU CONTEXTE ---------------------- 44

    BONNES PRATIQUES --- 44

    PIÈGES COURANTS -- 45

CRÉATION D'OUTILS DE CRÉATION DE CONTENU BASÉS SUR L'IA --- 46

    EXPLOITER GPT-4 POUR LA GÉNÉRATION DE CONTENU ------------------------- 47

    DÉVELOPPER DES OUTILS DE RÉDACTION ET D'ÉDITION DE CONTENU ----------- 49

    OUTIL DE RÉDACTION DE CONTENU --------------------------------------- 49

INTÉGRATION D'API EXTERNES ET DE SOURCES DE DONNÉES POUR UNE FONCTIONNALITÉ D'IA AMÉLIORÉE -------- 54

Connexion de GPT-4 à des API tierces -------- 56
Bonnes pratiques pour l'intégration d'API -------- 58
Utilisation du Web Scraping et des bases de données dans vos applications -------- 58
Traitement des données en temps réel et réponses dynamiques -------- 63
Test, débogage et optimisation des applications GPT-4 -------- 66
Techniques de débogage des chatbots et outils d'IA -------- 68
Exemple : débogage des appels d'API GPT-4 -------- 68
Assurer l'évolutivité et la fiabilité -------- 70
Exemple : mise en œuvre de la mise en cache pour les requêtes fréquentes -------- 71
Optimisation de la vitesse, du coût et de l'expérience utilisateur -------- 74

INTRODUCTION

Ces dernières années, le développement d'applications a été radicalement transformé par l'essor de l'intelligence artificielle (IA). Les développeurs ne se limitent plus aux techniques de programmation traditionnelles ; ils ont désormais accès à de puissants modèles d'IA capables de révolutionner la manière dont les applications interagissent avec les utilisateurs, traitent les données et créent du contenu. Parmi les outils les plus avancés dans ce domaine figurent les modèles GPT (Generative Pretrained Transformer), notamment GPT-4 et son homologue plus petit et plus agile, GPT-4 Mini. Ces modèles, développés par OpenAI, ont inauguré une nouvelle ère de développement d'applications intelligentes, permettant la création de chatbots hautement intelligents, de générateurs de contenu et d'autres outils basés sur l'IA qui peuvent améliorer l'expérience utilisateur, automatiser les tâches et même personnaliser les interactions.

Ce livre, *Advanced App Development with GPT-4 & GPT-4 Mini: Build Smart AI Chatbots and Tools*, vise à fournir un guide complet sur l'utilisation de ces puissants modèles pour développer des applications de pointe. Que vous créiez un chatbot sophistiqué pour le service client, un outil d'IA pour la création de contenu ou même une application qui intègre les vastes capacités linguistiques de GPT-4 dans un domaine spécifique, ce livre vous guidera à travers les étapes essentielles de la création, du déploiement et de l'optimisation d'applications basées sur l'IA à l'aide de GPT-4 et GPT-4 Mini.

Pourquoi GPT-4 et GPT-4 Mini ?

L'arrivée de GPT-4 et GPT-4 Mini a changé la donne dans le développement d'applications d'IA. GPT-4, la quatrième itération du modèle génératif d'OpenAI, a été formé sur des quantités massives de données textuelles et est capable de comprendre et de générer un langage de type humain avec une précision remarquable. Il peut effectuer des tâches complexes telles que le traitement du langage naturel (NLP), répondre à des questions, rédiger des articles et même coder. La capacité de GPT-4 à engager des conversations significatives et à résoudre des problèmes complexes en fait un outil idéal pour développer des chatbots, des assistants personnels et des systèmes automatisés.

D'autre part, GPT-4 Mini, une version plus petite de GPT-4, est conçue pour les applications qui nécessitent une solution plus légère. Bien qu'elle ne dispose peut-être pas des capacités complètes de GPT-4, elle reste très efficace pour exécuter la plupart des mêmes tâches, mais à une vitesse plus rapide et à moindre coût. Cela fait de GPT-4 Mini une excellente option pour les développeurs travaillant sur des applications mobiles, des applications en temps réel ou pour ceux qui cherchent à optimiser les performances sans compromettre la qualité.

Ce livre couvrira ces deux modèles en profondeur, offrant un aperçu de la manière d'exploiter leurs atouts uniques pour différents types d'applications. La distinction entre GPT-4 et GPT-4 Mini sera clairement soulignée afin que vous puissiez choisir le meilleur modèle pour votre projet, que vous ayez besoin de puissance brute ou de performances optimisées.

À quoi s'attendre de ce livre

Ce livre est conçu non seulement comme un guide technique, mais aussi comme une ressource d'apprentissage pratique. Chaque chapitre approfondira des aspects spécifiques du développement d'applications avec GPT-4 et GPT-4 Mini, vous fournissant des compétences pratiques qui peuvent être directement appliquées à vos propres projets. À la fin de ce livre, vous aurez les connaissances et les outils nécessaires pour :

1. **Créez des chatbots intelligents basés sur l'IA** : apprenez à créer des chatbots intelligents capables de mener des conversations pertinentes et contextuelles. Vous explorerez les principes fondamentaux de la conception conversationnelle, l'architecture des chatbots et la manière d'affiner vos modèles pour des cas d'utilisation spécifiques.

2. **Créer des outils de contenu IA** : découvrez comment intégrer GPT-4 dans les flux de travail de création de contenu. Que vous créiez des assistants d'écriture, des générateurs de contenu ou des curateurs de contenu automatisés, ce livre vous montrera comment exploiter la puissance de l'IA pour rationaliser le processus de création de contenu.

3. **Développez des outils d'IA avancés** : allez au-delà des simples applications et apprenez à créer des outils avancés basés sur l'IA qui peuvent résoudre des problèmes concrets. Ces outils peuvent inclure des analyses basées sur l'IA, des systèmes d'automatisation ou même des applications éducatives interactives basées sur GPT-4.

4. **Optimiser les performances** : découvrez comment optimiser la vitesse, l'évolutivité et le coût de vos applications. Bien que l'IA puisse nécessiter beaucoup de calculs, ce livre vous apprendra à tirer le meilleur parti des ressources à votre disposition, en garantissant que vos applications fonctionnent efficacement sans compromettre la qualité.

5. **Intégrez GPT-4 et GPT-4 Mini à d'autres technologies** : apprenez à intégrer GPT-4 et GPT-4 Mini dans les piles technologiques existantes, à les connecter aux API, à les utiliser avec

des bases de données et à créer des applications en temps réel qui interagissent avec les utilisateurs de manière dynamique.

À qui s'adresse ce livre

Ce livre s'adresse principalement aux développeurs ayant des compétences de programmation intermédiaires à avancées et désireux de se plonger dans le monde du développement d'applications d'IA. Vous devez avoir une solide compréhension des concepts de programmation et être à l'aise avec les langages de programmation modernes comme Python, JavaScript ou similaires. Bien que le livre soit accessible aux développeurs de tous horizons, une expérience préalable en apprentissage automatique, en intelligence artificielle ou en traitement du langage naturel sera bénéfique.

Que vous soyez un développeur expérimenté cherchant à intégrer l'IA dans vos applications ou quelqu'un qui a déjà touché à l'IA mais qui souhaite en savoir plus, ce livre vous offrira des informations pratiques qui enrichiront votre boîte à outils de développement. Pour ceux qui sont nouveaux dans les modèles GPT, les premiers chapitres fournissent des conseils clairs, étape par étape, sur la façon de commencer, vous permettant de construire une base solide avant de vous plonger dans des sujets plus complexes.

L'avenir du développement d'applications

Le monde du développement d'applications évolue rapidement et l'IA est à l'avant-garde de ce changement. GPT-4 et GPT-4 Mini ne sont pas de simples outils ; ce sont des plateformes qui ouvrent de nouvelles possibilités pour les applications. Grâce à leur capacité à comprendre, générer et interagir avec le langage humain, les applications basées sur l'IA deviennent de plus en plus indispensables à des secteurs allant de la santé et de la finance au divertissement et au service client.

Alors que la demande d'applications basées sur l'IA continue de croître, la capacité à créer des systèmes intelligents, efficaces et performants deviendra une compétence clé pour les développeurs. En apprenant à travailler avec GPT-4 et GPT-4 Mini, vous acquerrez non seulement la capacité de créer des applications de pointe, mais vous vous positionnerez également à l'avant-garde de l'un des domaines les plus passionnants et les plus impactants de la technologie.

Dans les chapitres suivants, nous vous guiderons à travers les outils, techniques et bonnes pratiques essentiels pour travailler avec GPT-4 et GPT-4 Mini, vous permettant de créer des applications qui repoussent les limites du possible. Que vous cherchiez à créer un chatbot révolutionnaire, un outil d'IA créatif ou une solution d'entreprise, ce livre vous fournira les connaissances et les compétences dont vous avez besoin pour réussir.

Configuration de votre environnement de développement

Lorsque vous travaillez avec GPT-4 et GPT-4 Mini pour le développement d'applications avancées, la configuration d'un environnement de développement approprié est essentielle pour créer, tester et optimiser des applications basées sur l'IA. Un environnement bien configuré garantit non seulement le bon fonctionnement de vos applications, mais vous aide également à gagner du temps en simplifiant l'intégration des API, des bibliothèques et des dépendances.

Ce chapitre se concentre sur les étapes initiales nécessaires à la configuration de votre environnement de développement, notamment l'installation et la configuration de GPT-4 et GPT-4 Mini, la sélection des outils et bibliothèques essentiels et la préparation de votre espace de travail pour une productivité maximale. À la fin de ce chapitre, vous serez en mesure de créer un environnement de développement à la fois efficace et évolutif pour créer des applications d'IA avancées à l'aide de ces modèles.

Concepts clés

Avant de plonger dans la configuration, il est essentiel de comprendre certains concepts clés et la terminologie liés à GPT-4 et GPT-4 Mini :

- **GPT-4 et GPT-4 Mini** : Il s'agit de modèles de langage développés par OpenAI, capables d'effectuer diverses tâches de traitement du langage naturel (NLP) telles que la génération de texte, la synthèse, la traduction et même la génération de code. GPT-4 est un modèle plus grand avec des capacités plus étendues, tandis que GPT-4 Mini est une version plus légère optimisée pour une utilisation réduite des ressources.

- **Intégration API** : GPT-4 et GPT-4 Mini sont accessibles via des appels API. Pour interagir avec ces modèles, les développeurs doivent configurer des clés API, gérer l'authentification et comprendre les limites de débit pour garantir une communication fluide avec les serveurs d'OpenAI.

- **Environnement de développement** : il s'agit de la combinaison de logiciels et d'outils utilisés par les développeurs pour écrire, tester et déployer leurs applications. Pour le développement de GPT-4 et GPT-4 Mini, cet environnement comprend généralement des langages de programmation (comme Python), des environnements de développement intégrés (IDE), des bibliothèques et des services cloud.

Installation et configuration de GPT-4 et GPT-4 Mini

Pour travailler avec GPT-4 et GPT-4 Mini, la première étape consiste à installer les logiciels et bibliothèques nécessaires. Cette section vous guidera à travers les étapes de configuration des deux modèles, en mettant l'accent sur Python, le langage de programmation le plus couramment utilisé pour le développement de l'IA.

1. **Créer un compte OpenAI** Pour accéder à GPT-4 et GPT-4 Mini, vous aurez besoin d'un compte OpenAI. Visitez le site Web d'OpenAI et inscrivez-vous. Après votre inscription, vous aurez accès à l'API OpenAI, que vous pourrez utiliser pour interagir avec les modèles.

2. **Obtenir des clés API** Une fois connecté, accédez à la section API de votre tableau de bord OpenAI pour générer une clé API. Cette clé vous permettra d'authentifier vos requêtes lors de vos interactions avec GPT-4 et GPT-4 Mini.

Conseil : protégez votre clé API. Évitez de la coder en dur directement dans votre application. Stockez-la plutôt dans des variables d'environnement ou utilisez un gestionnaire d'informations d'identification sécurisé.

3. **Installer Python et ses dépendances** Assurez-vous que Python est installé sur votre machine. Le développement de GPT-4 utilise généralement Python 3.7 ou une version ultérieure. Si Python n'est pas déjà installé, téléchargez-le et installez-le à partir du site Web officiel .

Une fois Python installé, vous devrez configurer les bibliothèques nécessaires. La bibliothèque principale permettant d'interagir avec GPT-4 et GPT-4 Mini est openai. Vous pouvez l'installer en utilisant pip (le gestionnaire de paquets de Python) :

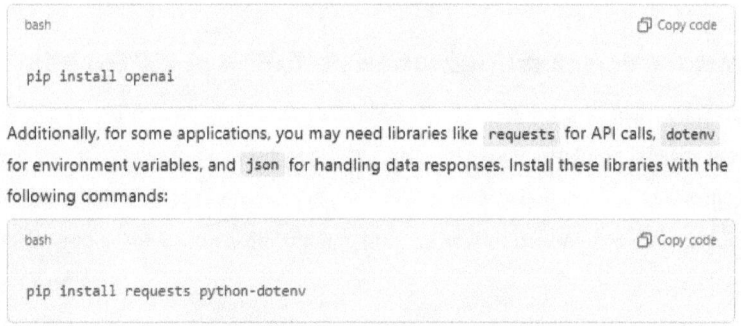

```bash
pip install openai
```

Additionally, for some applications, you may need libraries like `requests` for API calls, `dotenv` for environment variables, and `json` for handling data responses. Install these libraries with the following commands:

```bash
pip install requests python-dotenv
```

4. **Configurer l'environnement** Configurez votre environnement pour stocker votre clé API de manière sécurisée. Pour ce faire, créez un fichier .env dans le répertoire de votre projet, qui contiendra votre clé API en tant que variable d'environnement.

Voici un exemple :

1. **Bonne pratique** : ne validez jamais votre fichier .env dans le contrôle de version (par exemple, GitHub). Utilisez plutôt un fichier .gitignore pour vous assurer qu'il est exclu.

Outils et bibliothèques essentiels

Pour travailler efficacement avec GPT-4 et GPT-4 Mini, plusieurs outils et bibliothèques peuvent vous aider à rationaliser votre processus de développement :

1. **IDE** :
   - **PyCharm** : un IDE puissant spécifique à Python avec des fonctionnalités telles que la saisie semi-automatique de code, le débogage et les tests intégrés.
   - **Visual Studio Code (VS Code)** : un IDE léger et hautement personnalisable avec prise en charge de Python, Git et des extensions pour le développement de l'IA.

2. **Outils de test API** :

    o **Postman** : un outil populaire pour tester les API. Vous pouvez utiliser Postman pour envoyer des requêtes à l'API OpenAI, vérifier les réponses et résoudre les problèmes éventuels avant de les intégrer à votre application.

    o **Curl** : Un outil de ligne de commande qui vous permet d'interagir avec les API depuis le terminal.

3. **Contrôle de version (Git)** :

    o **Git** : le contrôle de version est essentiel pour suivre les modifications, collaborer et gérer les référentiels de code. Utilisez Git pour stocker et versionner vos projets, afin de pouvoir travailler en collaboration et revenir aux versions précédentes si nécessaire.

    o **GitHub** ou **GitLab** : plateformes d'hébergement et de gestion de référentiels Git, avec des outils de collaboration, de suivi des problèmes et d'intégration CI/CD.

4. **Environnements virtuels** :

    o **Virtualenv** ou **Conda** : les environnements virtuels Python sont essentiels pour isoler les dépendances des projets. Utilisez-les pour éviter les conflits entre les différentes bibliothèques et versions.

```bash
python -m venv gpt4env
source gpt4env/bin/activate   # On Windows: gpt4env\Scripts\activate
```

5. **Docker** (facultatif) : si vous prévoyez de déployer votre application dans un environnement cloud ou conteneurisé, l'utilisation de Docker peut vous aider à empaqueter votre application et ses dépendances dans un conteneur portable.

Préparer votre espace de travail pour un développement efficace

Un espace de travail bien organisé garantit un processus de développement fluide. Voici quelques bonnes pratiques pour préparer votre environnement de développement :

1. **Directory Structure:** Organize your project files into a clear directory structure. For example:

```bash
/my-gpt4-app
    /src             # Source code
    /data            # Data files (e.g., training data, logs)
    /models          # Model files (e.g., checkpoints)
    /tests           # Unit tests
    /docs            # Documentation
    .env             # Environment variables
    requirements.txt # Python dependencies
```

2. **Dependencies Management:** Use a `requirements.txt` file to list all the Python packages your project depends on. You can generate this file by running:

```bash
pip freeze > requirements.txt
```

3. **Code Linting and Formatting:** Set up a linter like **Flake8** or **Pylint** to catch potential errors in your code early. For code formatting, use **Black** or **autopep8** to ensure consistent style.

4. **Task Automation:** Use **Makefile** or **Tasks in VS Code** to automate common tasks, such as running tests or launching a local server. For example, a simple `Makefile` might lo...

```Makefile
install:
    pip install -r requirements.txt

run:
    python app.py
```

5. **Continuous Integration:** Set up **CI/CD** pipelines using services like GitHub Actions or GitLab CI to automate the testing and deployment process.

Pièges courants

Lors de la configuration de votre environnement de développement, les développeurs rencontrent souvent plusieurs difficultés. Voici quelques pièges courants à éviter :

1. **Clés d'API codées en dur** : le stockage des clés d'API directement dans votre code peut entraîner des risques de sécurité, en particulier si vous transférez votre code vers un référentiel public. Utilisez toujours des variables d'environnement pour stocker des informations sensibles.

2. **Dépendances conflictuelles** : les versions de bibliothèque peuvent entrer en conflit les unes avec les autres, ce qui peut entraîner des problèmes lors du développement. C'est pourquoi il est essentiel d'utiliser des environnements virtuels pour isoler les dépendances de votre projet.

3. **Ignorer les limites de débit** : GPT-4 et GPT-4 Mini ont des limites d'utilisation. Le dépassement de ces limites peut entraîner le blocage temporaire de l'accès à l'API. Soyez attentif à votre utilisation de l'API et implémentez une limitation de débit dans votre code pour éviter d'atteindre les limites de l'API.

4. **Ne pas utiliser de système de contrôle de version** : ignorer le contrôle de version peut entraîner des problèmes lors de la collaboration ou de la modification de votre projet. Utilisez toujours Git et hébergez votre code sur une plateforme comme GitHub ou GitLab.

La configuration de votre environnement de développement est la première étape cruciale de la création d'applications avancées à l'aide de GPT-4 et GPT-4 Mini. En suivant les étapes décrites dans ce chapitre, vous vous assurerez de disposer d'un espace de travail fiable, sécurisé et efficace pour développer des applications basées sur l'IA. Maintenant que votre environnement est configuré, vous êtes prêt à vous lancer dans le développement de base de vos applications basées sur l'IA avec GPT-4 et GPT-4 Mini !

CRÉEZ VOTRE PREMIER CHATBOT INTELLIGENT AVEC GPT-4

Introduction au développement de chatbot

Les chatbots sont devenus un élément essentiel des applications modernes, offrant aux entreprises et aux utilisateurs un moyen transparent d'interagir avec les systèmes. Ils peuvent automatiser le service client, aider à recommander des produits, fournir une assistance technique et bien plus encore. Grâce aux progrès de l'IA, en particulier avec des modèles de langage puissants comme GPT-4, le développement de chatbots intelligents et humanoïdes n'a jamais été aussi accessible.

Dans ce chapitre, nous allons nous plonger dans la création de votre premier chatbot IA intelligent à l'aide de GPT-4. Nous passerons en revue le processus de conception de flux conversationnels, la mise en œuvre de la compréhension du langage naturel (NLU) et l'intégration des capacités de GPT-4 dans un chatbot. Que vous soyez un développeur débutant ou expérimenté, ce chapitre vous fournira les connaissances nécessaires pour créer un chatbot IA avancé pour des applications concrètes.

Concepts clés

Avant de commencer à construire le chatbot, définissons quelques concepts clés et terminologies essentiels pour comprendre le fonctionnement des chatbots et de GPT-4 :

- **Chatbot** : application logicielle qui simule des conversations de type humain avec les utilisateurs, soit par texte, soit par la voix. Les chatbots peuvent être basés sur des règles (suivant des scripts prédéfinis) ou pilotés par l'IA (apprenant et répondant en fonction de modèles d'apprentissage automatique).

- **Compréhension du langage naturel (NLU)** : la NLU désigne la capacité d'un ordinateur à comprendre et à traiter le langage humain de manière significative. Elle consiste à reconnaître l'intention derrière la requête d'un utilisateur, à extraire des entités importantes (comme des dates, des lieux ou des noms de produits) et à générer des réponses appropriées.

- **GPT-4** : un modèle de langage de pointe développé par OpenAI qui excelle dans la compréhension et la génération de textes de type humain. GPT-4 peut être affiné pour diverses tâches, notamment le développement de chatbots, et il peut effectuer des tâches linguistiques complexes telles que la génération de texte, le résumé, la traduction, etc.

- **Flux conversationnel** : représentation structurée de la manière dont un chatbot gère une conversation. Il définit la manière dont le bot répond aux différentes entrées de l'utilisateur, garantissant ainsi des dialogues fluides et engageants.

Exemples pratiques

Commençons par examiner un exemple simple de la manière dont GPT-4 peut être utilisé pour créer un chatbot intelligent. Vous trouverez ci-dessous un exemple simple d'intégration de GPT-4 avec Python à l'aide de l'API OpenAI :

1. **Configuration de l'environnement de développement**
    - Assurez-vous que Python 3.7 ou une version ultérieure est installé sur votre machine.
    - Installez les bibliothèques requises : openai et dotenv pour charger en toute sécurité la clé API.

1. **Setting Up the Development Environment**
   - Ensure you have Python 3.7 or later installed on your machine.
   - Install the required libraries: `openai` and `dotenv` for securely loading the API key.

   ```bash
   pip install openai python-dotenv
   ```

2. **Creating a .env File for API Keys** Store your OpenAI API key securely by adding it to a `.env` file. This ensures that your key is not hardcoded into the source code.

   `.env`:

   ```makefile
   OPENAI_API_KEY=your-api-key-here
   ```

3. **Building a Basic Chatbot** Let's start with a Python script that interacts with GPT-4. This chatbot will take user input, send it to GPT-4, and display the AI's response.

   ```python
   import openai
   from dotenv import import load_dotenv
   import os

   load_dotenv()  # Load API key from .env file
   openai.api_key = os.getenv("OPENAI_API_KEY")

   def chatbot_response(user_input):
       response = openai.Completion.create(
           engine="gpt-4",  # Use GPT-4 model
           prompt=user_input,
           max_tokens=150,  # Limit response length
           temperature=0.7,  # Controls randomness
   ```

22

```python
        prompt=user_input,
        max_tokens=150,   # Limit response length
        temperature=0.7,  # Controls randomness
    )
    return response.choices[0].text.strip()

if __name__ == "__main__":
    print("AI Chatbot: Hello! Ask me anything.")
    while True:
        user_input = input("You: ")
        if user_input.lower() == 'exit':
            print("AI Chatbot: Goodbye!")
            break
        print(f"AI Chatbot: {chatbot_response(user_input)}")
```

This code initializes the GPT-4 model using the OpenAI API and allows users to interact with the bot. The chatbot responds to user inputs based on GPT-4's capabilities.

4. **Sample Interaction**

```vbnet
AI Chatbot: Hello! Ask me anything.
You: What's the weather like today?
AI Chatbot: I'm sorry, I don't have access to real-time data, but I can tell you about
```

Designing Conversational Flows

Designing an effective conversational flow is one of the most important steps in building a chatbot. A conversational flow defines the sequence and logic of interactions between the user and the chatbot. For GPT-4-based chatbots, the goal is to ensure that the model responds appropriately to a wide variety of user inputs.

Here are some steps to design an effective conversational flow:

1. **Identify Key Use Cases**
   - Before creating a conversational flow, you need to determine the purpose of your chatbot. What tasks do you want it to perform? Some common use cases include customer support, personal assistants, and product recommendations.

   Example Use Case: A chatbot for an e-commerce store that assists with product recommendations, order tracking, and customer service inquiries.

2. **Define User Intents**
   - An intent is what the user wants to achieve through their interaction with the chatbot. For example, an intent could be "order tracking" or "product recommendation."

   Example Intents:
   - `TrackOrder` : The user wants to track their order status.
   - `ProductRecommendation` : The user wants to receive product suggestions.
   - `CustomerSupport` : The user needs assistance with an issue.

3. **Map Out the Flow**
   - Once you have your use cases and intents, the next step is to create a flow diagram that maps out how the conversation will progress based on different user inputs.

   Example Flow:

   ```vbnet
   User: "Where is my order?"
   Bot: "Please provide your order number."
   User: "12345"
   Bot: "Your order is on its way and should arrive within 3 days."
   ```

4. **Use GPT-4 to Handle Various Intents**
   - GPT-4's power comes from its ability to handle diverse conversational contexts. By using well-crafted prompts, you can guide GPT-4 to deliver responses based on specific user intents.

Example GPT-4 Prompt:

```python
prompt = "You are an AI assistant for an e-commerce store. The user is asking about th
```

5. **Incorporating User Feedback**
   - After users interact with the chatbot, it's important to incorporate feedback to improve the experience. You can implement follow-up questions or allow users to rate responses, which helps fine-tune the flow.

Implementing Natural Language Understanding (NLU)

Natural Language Understanding (NLU) is the process by which a chatbot interprets the user's input to understand their intent and extract meaningful information. While GPT-4 has a built-in understanding of language, it's important to use additional tools and techniques to enhance the chatbot's ability to understand and respond accurately.

1. **Intent Recognition**
   - The first step in NLU is recognizing the user's intent. With GPT-4, this can be achieved through carefully designed prompts that guide the model in interpreting the user's query.

   Example:

```python
def identify_intent(user_input):
    prompt = f"Classify the intent of the following user input: '{user_input}'"
    response = openai.Completion.create(
        engine="gpt-4",
        prompt=prompt,
        max_tokens=50,
    )
    return response.choices[0].text.strip()

user_input = "I want to track my order"
intent = identify_intent(user_input)
print(f"Identified Intent: {intent}")
```

25

Sortie :

Intention : Suivi de l'ordre

2. **Reconnaissance d'entité**

- En plus de l'intention, un chatbot doit reconnaître les entités dans les saisies utilisateur (par exemple, les dates, les noms de produits ou les emplacements). GPT-4 peut extraire des entités en fonction du contexte de la conversation.

Example:

```python
def extract_entities(user_input):
    prompt = f"Extract the relevant entities from the following user input: '{user_inp
    response = openai.Completion.create(
        engine="gpt-4",
        prompt=prompt,
        max_tokens=100,
    )
    return response.choices[0].text.strip()

user_input = "What are the latest iPhone models?"
entities = extract_entities(user_input)
print(f"Extracted Entities: {entities}")
```

Output:
```
Entities: iPhone, models
```

Sortie :

3. **Contextual Understanding**
   - GPT-4 can remember context over multiple turns, which allows it to maintain a conversation flow. This is crucial for handling multi-turn conversations, such as follow-up questions or clarifications.

Example:

```python
context = "The user is asking about their order. They previously mentioned their order
user_input = "Has it been shipped yet?"
full_prompt = context + " " + user_input
response = openai.Completion.create(
    engine="gpt-4",
    prompt=full_prompt,
    max_tokens=100,
)
print(response.choices[0].text.strip())
```

Votre commande a été expédiée et devrait arriver dans les 3 prochains jours.

Bonnes pratiques

1. **Gardez le chatbot contextuel** : assurez-vous toujours que le chatbot garde une trace du contexte de la conversation. Cela rendra les interactions plus naturelles et efficaces.

2. **Affinez régulièrement les invites** : affinez en permanence les invites et les flux de conversation en fonction des commentaires des utilisateurs pour améliorer les performances du chatbot.

3. **Gérer les entrées inconnues** : lorsque GPT-4 rencontre une entrée inconnue, il est essentiel de disposer d'une réponse de secours, comme demander des éclaircissements à l'utilisateur.

Pièges courants

1. **Surcharger le modèle avec des invites complexes** : les invites complexes peuvent surcharger GPT-4, ce qui peut conduire à des réponses non pertinentes ou incomplètes. Décomposez les invites en sections plus simples et plus faciles à gérer.

2. **Négliger les retours des utilisateurs** : Ne pas recueillir et mettre en œuvre les retours des utilisateurs peut entraîner un chatbot stagnant et inefficace. Mettez régulièrement à jour les fonctionnalités du chatbot en fonction des retours.

Dans ce chapitre, nous avons exploré les concepts fondamentaux du développement de chatbots, de la conception de flux conversationnels à l'implémentation de NLU avec GPT-4. Grâce à la puissance de GPT-4, vous pouvez créer des applications conversationnelles qui semblent véritablement humaines, ouvrant la voie à des outils plus avancés basés sur l'IA dans votre parcours de développement.

INTÉGRATION DE GPT-4 MINI POUR DES OUTILS D'IA LÉGERS

À mesure que la technologie de l'IA continue de progresser, les développeurs disposent d'une gamme d'outils qui leur permettent de créer des applications toujours plus sophistiquées. L'une des évolutions les plus passionnantes dans le monde de l'IA est la sortie de GPT-4 Mini, une version allégée du modèle GPT-4, conçue pour offrir des capacités puissantes tout en étant optimisée pour les performances. Pour les développeurs d'applications, GPT-4 Mini offre une opportunité unique d'intégrer une compréhension intelligente du langage naturel dans les applications sans surcharger les ressources système.

Ce chapitre explique comment tirer parti de GPT-4 Mini pour créer des outils d'IA légers dans le développement d'applications. De la compréhension des cas d'utilisation à la création de fonctionnalités efficaces et performantes, nous verrons comment intégrer GPT-4 Mini dans votre flux de travail de développement d'applications. Que vous cherchiez à ajouter des fonctionnalités de chatbot, à automatiser la génération de contenu ou à améliorer l'expérience utilisateur, GPT-4 Mini peut être un excellent choix pour créer des solutions d'IA évolutives.

Concepts clés

Avant de plonger dans les implémentations pratiques, clarifions d'abord certains concepts et terminologies clés qui sont essentiels pour comprendre comment GPT-4 Mini peut être intégré au développement d'applications.

- **GPT-4 Mini** : GPT-4 Mini est une variante plus petite et plus efficace du modèle GPT-4 d'OpenAI. Bien qu'il conserve une grande partie de la puissance et de la flexibilité de GPT-4, il est optimisé pour des temps d'inférence plus rapides et une consommation de ressources plus faible, ce qui le rend idéal pour les applications mobiles et légères.

- **Traitement du langage naturel (TLN)** : Le TLN désigne la capacité d'un ordinateur à comprendre, interpréter et générer le langage humain. Le GPT-4 Mini excelle dans les tâches de TLN, lui permettant de comprendre les requêtes des utilisateurs, de traiter le langage et de générer des réponses contextuellement pertinentes.

- **Outils d'IA légers** : il s'agit de fonctionnalités pilotées par l'IA optimisées pour les performances, nécessitant moins de ressources de calcul tout en conservant la puissance fonctionnelle. GPT-4 Mini est spécialement conçu pour prendre en charge ces outils d'IA légers en offrant une version simplifiée du modèle GPT-4 complet.

- **Évolutivité** : Dans le contexte du développement d'applications, l'évolutivité fait référence à la capacité d'une application à gérer un nombre croissant d'utilisateurs ou de données sans dégradation des performances. L'utilisation réduite des ressources de GPT-4 Mini permet une meilleure évolutivité lors de la mise en œuvre de fonctionnalités pilotées par l'IA.

Cas d'utilisation de GPT-4 Mini dans le développement d'applications

GPT-4 Mini ouvre un large éventail de possibilités aux développeurs d'applications qui cherchent à intégrer des fonctionnalités d'IA avancées sans avoir à supporter des coûts de calcul élevés. Voici quelques cas d'utilisation clés de GPT-4 Mini dans le développement d'applications :

1. **Chatbots légers**

    o   L'une des utilisations les plus courantes de GPT-4 Mini est la création de chatbots légers capables de gérer une variété de requêtes utilisateur. GPT-4 Mini peut alimenter des agents conversationnels qui aident les utilisateurs à répondre aux demandes de service client, aux recommandations de produits, etc.

Exemple : un chatbot de support client qui répond aux questions courantes telles que les heures d'ouverture du magasin, les politiques d'expédition et la disponibilité des produits.

2. **Génération de contenu automatisée**

    o   GPT-4 Mini peut être utilisé pour générer du contenu pour des blogs, des articles, des publications sur les réseaux sociaux ou des descriptions de produits. Grâce à ses capacités de génération en langage naturel, GPT-4 Mini est idéal pour les applications qui nécessitent un volume élevé de création de contenu avec une intervention humaine minimale.

Exemple : une application de commerce électronique qui génère des descriptions de produits en fonction d'un ensemble de fonctionnalités d'entrée telles que la taille, la couleur et le matériau.

3. **Assistants personnels intelligents**

    o   GPT-4 Mini peut améliorer les applications d'assistant personnel en leur permettant de comprendre et de répondre aux commandes de l'utilisateur avec un degré élevé de compréhension du langage naturel. Ces assistants peuvent aider à des tâches telles que la définition de rappels, l'envoi de messages ou la fourniture de mises à jour météorologiques.

Exemple : une application de productivité où les utilisateurs peuvent interroger et obtenir des réponses liées à leur emploi du temps, à leurs tâches et à leurs rappels.

4. **Fonctionnalité de recherche améliorée**
   - GPT-4 Mini peut améliorer la fonctionnalité de recherche en interprétant les requêtes en langage naturel et en fournissant des résultats plus précis et plus contextuels. Il peut analyser l'intention de l'utilisateur et fournir des suggestions, aidant ainsi les utilisateurs à trouver exactement ce dont ils ont besoin.

Exemple : une application de recommandation de films où les utilisateurs peuvent saisir des requêtes en langage naturel telles que « Je veux regarder une comédie romantique » et l'application peut suggérer des films appropriés.

5. **Analyse des sentiments**
   - GPT-4 Mini peut être utilisé pour l'analyse des sentiments dans les applications qui nécessitent de comprendre l'humeur ou le sentiment du contenu généré par l'utilisateur, comme les avis, les commentaires ou les retours.

Exemple : Un outil d'analyse des commentaires qui évalue les avis des clients et les classe comme positifs, négatifs ou neutres.

Création de fonctionnalités d'IA légères avec GPT-4 Mini

Maintenant que nous avons compris certains cas d'utilisation clés, examinons les aspects pratiques de l'intégration de GPT-4 Mini dans votre application. Nous nous concentrerons sur la création de fonctionnalités d'IA légères et montrerons comment exploiter les capacités de GPT-4 Mini pour améliorer les fonctionnalités de votre application.

Étape 1 : Configurer l'environnement de développement

La première étape consiste à configurer votre environnement de développement pour intégrer GPT-4 Mini. Vous trouverez ci-dessous un guide expliquant comment installer les bibliothèques nécessaires et configurer votre application pour interagir avec GPT-4 Mini.

1. **Install Python Libraries**
   - You'll need the `openai` library to access GPT-4 Mini. Install it using `pip` :

   ```bash
   pip install openai
   ```

2. **Set Up API Key**
   - You'll also need to get an API key from OpenAI. Once you have the key, you can store it in a `.env` file to keep it secure. Here's how you can set it up:

   `.env` file:

   ```makefile
   OPENAI_API_KEY=your-api-key-here
   ```

3. **Import Required Libraries**

- In your Python script, import the necessary libraries to interact with GPT-4 Mini.

```python
import openai
from dotenv import load_dotenv
import os

load_dotenv()  # Load the API key
openai.api_key = os.getenv("OPENAI_API_KEY")
```

Step 2: Building a Lightweight Chatbot

Let's walk through an example of integrating GPT-4 Mini to build a simple chatbot. This chatbot will interact with users and respond to questions based on predefined prompts.

1. **Create a Simple Chatbot Function**
    - The chatbot function will receive user input, send it to GPT-4 Mini, and return the generated response.

```python
def get_chatbot_response(user_input):
    response = openai.Completion.create(
        engine="gpt-4-mini",  # Specify GPT-4 Mini model
        prompt=user_input,
        max_tokens=150,  # Limit the response length
        temperature=0.7,  # Adjust for more natural-sounding responses
    )
    return response.choices[0].text.strip()
```

2. **Running the Chatbot**
    - The chatbot will continuously prompt the user for input and respond accordingly.

```python
if __name__ == "__main__":
    print("AI Chatbot: Hello! How can I assist you today?")
    while True:
        user_input = input("You: ")
        if user_input.lower() == 'exit':
            print("AI Chatbot: Goodbye!")
            break
        print(f"AI Chatbot: {get_chatbot_response(user_input)}")
```

Sample Output:

```vbnet
AI Chatbot: Hello! How can I assist you today?
You: What is GPT-4 Mini?
AI Chatbot: GPT-4 Mini is a lightweight version of the GPT-4 model, optimized for perf
```

Étape 3 : Optimisation des performances et de l'évolutivité

L'un des principaux avantages de GPT-4 Mini est sa capacité à évoluer efficacement. Cependant, il est important de concevoir votre application de manière à ce qu'elle puisse gérer une demande croissante sans dégrader les performances.

1. **Limitation du débit et mise en cache**
    - Lors de la création de fonctionnalités pilotées par l'IA, il est important de mettre en œuvre une limitation de débit pour éviter d'atteindre les limites d'appels d'API. La mise en cache des réponses fréquemment utilisées peut également réduire la charge sur l'API GPT-4 Mini et accélérer les réponses.

2. **Programmation asynchrone**
    - Pour améliorer les performances, en particulier pour les applications de chatbot, pensez à utiliser des techniques de programmation asynchrone. Cela permet à l'application de gérer plusieurs requêtes simultanément sans bloquer le thread principal.

```python
import asyncio

async def get_async_response(user_input):
    response = await openai.Completion.create(
        engine="gpt-4-mini",
        prompt=user_input,
        max_tokens=150,
        temperature=0.7,
    )
    return response.choices[0].text.strip()

# Example usage
user_input = "What is AI?"
response = asyncio.run(get_async_response(user_input))
print(response)
```

3. **Test de charge**
    - Pour garantir que votre application peut évoluer efficacement, pensez à effectuer des tests de charge. Cela permet d'identifier les goulots d'étranglement et d'optimiser votre code pour un trafic élevé.

Bonnes pratiques

1. **Utilisez des invites claires** : lors de la conception d'interactions avec GPT-4 Mini, assurez-vous que les invites sont claires et spécifiques pour éviter les réponses ambiguës.

2. **Limiter l'utilisation des jetons** : soyez attentif au nombre de jetons utilisés dans chaque appel d'API pour réduire les coûts et éviter les réponses trop longues.

3. **Surveiller les performances** : surveillez régulièrement les performances de vos fonctionnalités d'IA pour vous assurer qu'elles répondent dans un délai acceptable et évoluent efficacement.

Pièges courants

1. **Surcharger le modèle avec des invites complexes** : GPT-4 Mini peut avoir du mal à gérer des invites trop complexes. Décomposez les tâches en invites plus petites et plus digestes pour garantir clarté et efficacité.

2. **Échec de la gestion des cas extrêmes** : assurez-vous que votre chatbot ou votre outil d'IA peut gérer les entrées inattendues et gérer les erreurs avec élégance pour éviter les pannes ou les mauvaises expériences utilisateur.

FONCTIONNALITÉS AVANCÉES DU CHATBOT : PERSONNALISATION ET CONNAISSANCE DU CONTEXTE

Les chatbots font désormais partie intégrante des applications modernes, offrant aux utilisateurs un moyen rapide et efficace d'interagir avec la technologie. Alors que les chatbots traditionnels répondent souvent en fonction de scripts prédéfinis ou d'une logique simple basée sur des règles, les chatbots modernes pilotés par l'IA, en particulier ceux basés sur des modèles comme GPT-4, sont capables de fournir des interactions plus intelligentes, dynamiques et personnalisées. La puissance de l'IA permet de créer des agents conversationnels qui non seulement répondent aux requêtes directes, mais comprennent également les préférences des utilisateurs, s'adaptent aux contextes et gèrent des conversations longues et complexes.

Dans ce chapitre, nous allons nous pencher sur deux fonctionnalités avancées qui peuvent améliorer considérablement l'expérience utilisateur avec les chatbots : **la personnalisation** et **la prise en compte du contexte** . Nous verrons comment concevoir des chatbots qui fournissent des réponses personnalisées en fonction des interactions des utilisateurs, ainsi que comment créer des agents conversationnels sensibles au contexte qui se souviennent des échanges précédents et ajustent les réponses en conséquence. Ce chapitre fournira des conseils pratiques, des exemples concrets et des bonnes pratiques pour vous aider à intégrer ces fonctionnalités avancées dans vos applications.

Concepts clés

Avant de plonger dans les aspects pratiques de la mise en œuvre de fonctionnalités avancées de chatbot, définissons et expliquons d'abord les concepts clés qui sont au cœur de ce chapitre.

1. **Personnalisation dans les chatbots** : La personnalisation fait référence à la capacité d'un chatbot à adapter ses réponses en fonction

des préférences, de l'historique et des comportements spécifiques de l'utilisateur. Cela implique d'adapter la conversation pour refléter les intérêts de l'utilisateur ou les interactions précédentes, créant ainsi une expérience plus engageante et plus pertinente.

2. **Prise en compte du contexte dans les chatbots** : la prise en compte du contexte fait référence à la capacité d'un chatbot à maintenir et à utiliser le contexte d'une conversation. Cela permet au chatbot de comprendre l'intention de l'utilisateur non seulement à partir du message actuel, mais également par rapport à l'ensemble de la conversation. Les chatbots sensibles au contexte peuvent mémoriser les interactions passées, suivre les tâches en cours et ajuster leurs réponses en conséquence.

3. **Mémoire de conversation** : La mémoire de conversation est la capacité du chatbot à stocker des informations pertinentes issues d'échanges passés. Il peut s'agir des préférences des utilisateurs, des noms, des questions fréquemment posées ou des tâches en cours. Une mémoire de conversation efficace permet de maintenir la continuité des interactions, ce qui rend le chatbot plus intelligent et plus réactif.

4. **Gestion de session** : La gestion de session consiste à gérer le flux d'informations au sein d'une conversation. Une session représente la durée d'une interaction entre l'utilisateur et le chatbot, et sa gestion consiste à s'assurer que le chatbot peut suivre plusieurs aspects de la conversation, notamment le contexte et les réponses précédentes.

5. **Compréhension contextuelle** : La compréhension contextuelle est le processus par lequel un chatbot interprète le sens de la saisie d'un utilisateur dans le contexte plus large de la conversation. Cela implique d'analyser à la fois le message actuel et le flux historique pour générer des réponses précises et pertinentes.

Améliorer les chatbots avec des réponses personnalisées

Les réponses personnalisées sont essentielles pour créer une expérience engageante et centrée sur l'utilisateur. Au lieu de fournir des réponses génériques, les chatbots personnalisés utilisent des données sur l'utilisateur pour créer des réponses pertinentes et adaptées à ses besoins. Voyons comment nous pouvons mettre en œuvre cette fonctionnalité.

Étape 1 : Collecte des données utilisateur

La première étape de la personnalisation d'un chatbot consiste à collecter des données pertinentes sur l'utilisateur. Cela peut inclure :

- **Préférences utilisateur** : Préférences liées au service ou au produit proposé par le chatbot (par exemple, genres favoris, paramètres préférés, etc.).

- **Historique de l'utilisateur** : interactions passées qui peuvent aider à comprendre le comportement, les besoins et l'intention de l'utilisateur.

- **Informations sur le profil** : détails tels que le nom de l'utilisateur, son âge, son emplacement ou ses besoins spécifiques.

Exemple : si vous développez un chatbot de commerce électronique, vous pouvez stocker des informations sur les achats passés de l'utilisateur, ses préférences de produits ou son historique de navigation pour suggérer des articles pertinents.

Étape 2 : Stockage et accès aux données utilisateur

Pour maintenir des interactions personnalisées, vous avez besoin d'un moyen fiable de stocker et de récupérer les données utilisateur. Une méthode simple consiste à utiliser une base de données ou un magasin de valeurs clés comme

Redis pour enregistrer les informations entre les sessions. Ces données doivent être liées à l'ID unique de l'utilisateur.

```python
import json
import openai
import sqlite3

# Database setup
conn = sqlite3.connect('chatbot.db')
cursor = conn.cursor()
cursor.execute('''CREATE TABLE IF NOT EXISTS user_data (user_id TEXT, data TEXT)''')

def store_user_data(user_id, data):
    cursor.execute('INSERT OR REPLACE INTO user_data (user_id, data) VALUES (?, ?)', (user_
    conn.commit()

def get_user_data(user_id):
    cursor.execute('SELECT data FROM user_data WHERE user_id = ?', (user_id,))
    result = cursor.fetchone()
    return json.loads(result[0]) if result else {}

# Example of storing user data
user_id = "user123"
user_data = {"name": "John", "preferences": ["electronics", "gaming"]}
store_user_data(user_id, user_data)
```

Étape 3 : Personnalisation des réponses du chatbot

Une fois que vous disposez des données utilisateur, vous pouvez les utiliser pour personnaliser les réponses du chatbot. Un chatbot alimenté par GPT-4 peut prendre ces données et les injecter dans les invites envoyées au modèle.

```python
def personalize_response(user_input, user_id):
    # Retrieve user data
    user_data = get_user_data(user_id)
    name = user_data.get("name", "User")

    # Prepare personalized prompt
    prompt = f"Hello {name}, how can I assist you today? You have previously shown interes

    # Generate a response with GPT-4 Mini
    response = openai.Completion.create(
        engine="gpt-4-mini",
        prompt=prompt + " " + user_input,
        max_tokens=150,
        temperature=0.7,
    )

    return response.choices[0].text.strip()

# Example of personalized chatbot interaction
user_input = "What are the latest gadgets?"
response = personalize_response(user_input, user_id)
print(response)
```

Dans cet exemple, le chatbot adapte son message d'accueil et le contexte de la conversation en fonction des préférences de l'utilisateur et de ses interactions précédentes.

Créer des agents conversationnels sensibles au contexte

La connaissance du contexte est essentielle pour les chatbots qui gèrent des conversations complexes et continues. Un chatbot sensible au contexte peut fournir de meilleures réponses en interprétant la signification d'un message à la lumière de l'historique complet de la conversation.

Étape 1 : Maintenir le contexte de la conversation

Pour permettre la prise en compte du contexte, le chatbot doit suivre le flux de conversation. Cela peut être fait en conservant un historique des interactions, soit localement, soit dans un magasin de sessions.

```python
# A simple structure to store conversation history
class ConversationHistory:
    def __init__(self):
        self.history = []

    def add_message(self, user_input, bot_response):
        self.history.append({"user": user_input, "bot": bot_response})

    def get_context(self):
        # Combine the history into a single string for context
        return "\n".join([f"User: {msg['user']}\nBot: {msg['bot']}" for msg in self.histor

# Example of context management
conversation = ConversationHistory()
conversation.add_message("What is AI?", "AI is the simulation of human intelligence in mac
conversation.add_message("What is machine learning?", "Machine learning is a subset of AI

# Get the entire conversation context
context = conversation.get_context()
print(context)
```

Étape 2 : Générer des réponses tenant compte du contexte

Une fois l'historique de la conversation suivi, vous pouvez inclure ce contexte dans les invites du chatbot pour rendre les réponses plus pertinentes et informées par les messages précédents.

```python
def get_context_aware_response(user_input, conversation_history):
    context = conversation_history.get_context()

    # Send the full context along with the user's current input to GPT-4
    prompt = context + f"\nUser: {user_input}\nBot:"

    response = openai.Completion.create(
        engine="gpt-4-mini",
        prompt=prompt,
        max_tokens=150,
        temperature=0.7,
    )

    bot_response = response.choices[0].text.strip()
    conversation_history.add_message(user_input, bot_response)

    return bot_response

# Example of a context-aware chatbot interaction
user_input = "What is deep learning?"
response = get_context_aware_response(user_input, conversation)
print(response)
```

En utilisant l'historique de la conversation dans le cadre de l'invite, le chatbot peut générer des réponses qui prennent en compte l'ensemble de la conversation, la rendant ainsi plus cohérente et contextuellement appropriée.

Gestion des longues conversations et du contexte

Les longues conversations présentent des défis uniques. À mesure que la conversation se développe, le contexte devient plus large, ce qui peut avoir un impact sur les performances. Une gestion efficace du contexte devient essentielle pour maintenir la réactivité du chatbot.

Étape 1 : Limitation de la longueur du contexte

Une stratégie consiste à limiter le nombre de messages inclus dans le contexte. Au lieu d'utiliser l'intégralité de la conversation, vous pouvez conserver uniquement les messages les plus récents ou prioriser les échanges critiques.

```python
def get_trimmed_context(conversation_history, max_length=5):
    # Limit the history to the most recent `max_length` messages
    return "\n".join([f"User: {msg['user']}\nBot: {msg['bot']}" for msg in conversation_hi

# Example of trimming the context
short_context = get_trimmed_context(conversation, max_length=3)
print(short_context)
```

Step 2: Session Management

For long-running conversations, it's also important to manage user sessions. You can store the context in a session object, database, or in-memory cache to maintain continuity across multiple interactions.

Bonnes pratiques

1. **Équilibrez personnalisation et confidentialité** : bien que la personnalisation soit importante, assurez-vous de gérer les données des utilisateurs de manière responsable et en conformité avec les lois sur la confidentialité telles que le RGPD. Évitez de stocker des données sensibles, sauf si cela est absolument nécessaire.

2. **Gestion du contexte** : limitez la quantité d'historique de conversation que vous stockez pour améliorer les performances. Stockez uniquement les informations clés qui ont un impact sur l'interaction en cours.

3. **Commentaires des utilisateurs** : invitez régulièrement les utilisateurs à confirmer ou à mettre à jour leurs préférences pour garantir que le chatbot reste pertinent.

Pièges courants

1. **Surcharger le contexte** : le stockage d'un historique de conversation trop long peut ralentir les performances. Pensez toujours à supprimer les messages plus anciens qui ne sont plus pertinents.

2. **Ignorer les cas extrêmes** : il arrive parfois que les utilisateurs donnent des réponses ambiguës ou sans rapport. Assurez-vous que votre chatbot est capable de gérer ces cas avec élégance.

3. **Problèmes de confidentialité** : le stockage d'une trop grande quantité d'informations personnelles peut entraîner des problèmes de confidentialité. Informez toujours les utilisateurs des données que vous stockez et donnez-leur le contrôle de leurs données.

CRÉER DES OUTILS DE CRÉATION DE CONTENU BASÉS SUR L'IA

Dans le monde en constante évolution du développement d'applications, l'intelligence artificielle (IA) a révolutionné notre approche de la création de contenu. Les outils basés sur l'IA peuvent générer, éditer et optimiser le contenu avec une rapidité et une précision remarquables, aidant ainsi les entreprises, les développeurs et les créateurs de contenu. L'un des outils les plus puissants dans ce domaine est GPT-4, un modèle de langage de pointe d'OpenAI, qui peut générer du texte de type humain à partir d'une variété d'invites. En exploitant GPT-4, les développeurs peuvent créer des outils robustes de génération et d'édition de contenu qui améliorent la créativité et rationalisent les flux de travail.

Ce chapitre vous guidera tout au long du processus de création d'outils de création de contenu basés sur l'IA à l'aide de GPT-4. Nous découvrirons comment intégrer GPT-4 pour la génération de contenu, développer des outils de rédaction et d'édition de contenu et appliquer le modèle à des applications d'IA créatives. À l'aide d'exemples pratiques, d'instructions étape par étape et de bonnes pratiques, vous apprendrez à créer des applications qui exploitent l'IA pour une création de contenu dynamique et évolutive.

Concepts clés

Avant de plonger dans les étapes pratiques, définissons et expliquons certains concepts clés liés à la création de contenu alimentée par l'IA.

1. **Génération de contenu** : La génération de contenu fait référence au processus de création automatique de contenu écrit (articles, blogs, descriptions de produits ou publications sur les réseaux sociaux, par exemple) à l'aide d'outils d'IA. GPT-4 excelle dans la génération de contenu en analysant les invites des utilisateurs et en créant un texte cohérent et contextuellement pertinent.

2. **Traitement du langage naturel (NLP)** : le NLP est un domaine de l'IA axé sur l'interaction entre les ordinateurs et les langues humaines. Il englobe des tâches telles que la génération de texte, la traduction, la synthèse et l'analyse des sentiments. GPT-4 est un modèle NLP qui génère du texte de type humain basé sur des modèles qu'il a appris à partir de vastes quantités de données textuelles.

3. **Applications d'IA créatives** : les applications d'IA créatives vont au-delà de la création de contenu traditionnelle en générant des résultats créatifs tels que de la poésie, des histoires, des œuvres d'art et même de la musique. GPT-4 peut être utilisé dans ces applications pour générer des idées, peaufiner des brouillons ou aider au brainstorming.

4. **Outils d'édition de contenu** : il s'agit d'outils basés sur l'IA qui aident à affiner et à améliorer le contenu écrit. Les outils d'édition peuvent suggérer des corrections grammaticales, reformuler des phrases pour plus de clarté, optimiser le ton, etc. GPT-4 peut aider à améliorer le contenu en fournissant des suggestions d'amélioration en temps réel.

5. **Ingénierie des invites** : L'ingénierie des invites est le processus de création d'entrées spécifiques (invites) pour les modèles d'IA comme GPT-4 afin de générer les sorties souhaitées. La qualité du contenu généré dépend fortement de la qualité de la conception de l'invite.

Exploiter GPT-4 pour la génération de contenu

La capacité de GPT-4 à générer du texte le rend idéal pour une variété d'applications de création de contenu. Commençons par découvrir comment utiliser GPT-4 pour générer automatiquement du contenu.

Étape 1 : Configuration de l'environnement

Pour commencer, vous devez configurer un environnement qui vous permet d'interagir avec GPT-4. Cela implique généralement :

- **Accès API** : obtenez l'accès à l'API d'OpenAI en vous inscrivant sur leur site Web et en générant une clé API.

- **Configuration Python** : assurez-vous que Python est installé avec le package openai, qui vous permet d'interagir avec le modèle GPT-4.

```bash
pip install openai
```

Once you have access to the API, you can set up the configuration to interact with GPT-4.

Step 2: Making Your First API Call

Let's write a simple Python function that connects to the OpenAI API and generates content based on a prompt. In this case, we'll create an example that generates a blog post introduction.

```python
import openai

# Set up the API key
openai.api_key = "YOUR_API_KEY"

def generate_blog_post_intro(topic):
    prompt = f"Write a blog post introduction about {topic}."
    response = openai.Completion.create(
        engine="gpt-4",
        prompt=prompt,
        max_tokens=200,
        temperature=0.7
    )
    return response.choices[0].text.strip()

# Example usage
topic = "the future of AI in healthcare"
intro = generate_blog_post_intro(topic)
print(intro)
```

In this example, we've set up a basic function that takes a topic as input and generates a blog post introduction using GPT-4. The `temperature` parameter controls the randomness of the output, and `max_tokens` limits the length of the generated text.

Step 3: Customizing Content Generation

Vous pouvez personnaliser davantage le processus de génération de contenu en ajustant l'invite en fonction de besoins spécifiques, tels que la création de descriptions de produits, de publications sur les réseaux sociaux ou de textes marketing. Voici comment vous pouvez étendre le code pour générer une description de produit :

```python
def generate_product_description(product_name, features):
    prompt = f"Write a product description for {product_name}. Include the following featu
    response = openai.Completion.create(
        engine="gpt-4",
        prompt=prompt,
        max_tokens=150,
        temperature=0.7
    )
    return response.choices[0].text.strip()

# Example usage
product_name = "Wireless Noise-Canceling Headphones"
features = ["Bluetooth connectivity", "20 hours of battery life", "comfortable ear cushion
description = generate_product_description(product_name, features)
print(description)
```

En ajustant l'invite, vous pouvez générer du contenu qui répond à vos exigences spécifiques pour divers cas d'utilisation.

Développer des outils de rédaction et d'édition de contenu

Les outils de rédaction et d'édition de contenu basés sur l'IA peuvent améliorer la productivité et aider les rédacteurs à générer du contenu de haute qualité avec un minimum d'effort. Voyons comment nous pouvons créer un outil de rédaction de contenu et un outil d'édition à l'aide de GPT-4.

Outil de rédaction de contenu

Un outil de rédaction de contenu peut vous aider à générer des brouillons, à développer des idées ou à surmonter le blocage de l'écrivain. Vous pouvez créer un outil simple qui génère plusieurs paragraphes sur un sujet donné :

```python
def generate_article_body(topic):
    prompt = f"Write a detailed article about {topic}. Include at least 3 paragraphs with
    response = openai.Completion.create(
        engine="gpt-4",
        prompt=prompt,
        max_tokens=500,
        temperature=0.7
    )

    return response.choices[0].text.strip()

# Example usage
article_body = generate_article_body("how AI is transforming the education sector")
print(article_body)
```

This function generates a detailed article body with subheadings based on the provided topic. Writers can use this as a draft, and then refine or expand it further.

Content Editing Tool

```python
def rephrase_sentence(sentence):
    prompt = f"Rephrase the following sentence to make it clearer: {sentence}"
    response = openai.Completion.create(
        engine="gpt-4",
        prompt=prompt,
        max_tokens=100,
        temperature=0.7
    )

    return response.choices[0].text.strip()

# Example usage
sentence = "The project was done on a very tight schedule, and it was challenging to compl
rephrased_sentence = rephrase_sentence(sentence)
print(rephrased_sentence)
```

This function takes a sentence and rephrases it to make it more concise and readable. Developers can build more advanced editing tools by combining features like grammar correction, tone adjustment, and word choice suggestions.

Integrating GPT-4 for Creative AI Applications

Pour l'édition de contenu, GPT-4 peut aider à vérifier la grammaire, à reformuler les phrases et à améliorer la lisibilité. Voici un exemple d'utilisation de GPT-4 pour la reformulation de phrases :

Les applications d'IA créatives vont au-delà de la création de contenu standard en générant des résultats hautement créatifs tels que de la poésie, des histoires ou même des scénarios. Voyons comment GPT-4 peut être utilisé pour améliorer la créativité.

Étape 1 : Générer une écriture créative

Le GPT-4 excelle dans les tâches d'écriture créative. Par exemple, vous pouvez l'utiliser pour générer une histoire courte basée sur une invite donnée :

```python
def generate_short_story(prompt):
    response = openai.Completion.create(
        engine="gpt-4",
        prompt=prompt,
        max_tokens=500,
        temperature=0.8
    )
    return response.choices[0].text.strip()

# Example usage
story_prompt = "Write a short story about a detective solving a mysterious case in a futur
story = generate_short_story(story_prompt)
print(story)
```

In this case, GPT-4 generates a creative narrative based on the prompt, helping authors and scriptwriters brainstorm or overcome writer's block.

Step 2: Using GPT-4 for Poetry Generation

GPT-4 can also be used to generate poetry by adjusting the prompt to include stylistic elements like rhyme schemes or poetic structures. For example:

```python
def generate_poetry(theme):
    prompt = f"Write a poem about {theme}. The poem should rhyme and have four stanzas."
    response = openai.Completion.create(
        engine="gpt-4",
        prompt=prompt,
        max_tokens=150,
        temperature=0.9
    )

    return response.choices[0].text.strip()

# Example usage
poem = generate_poetry("love and loss")
print(poem)
```

This function creates a short poem on a given theme, showcasing the creative potential of GPT-4.

Bonnes pratiques

1. **Affiner les invites** : La qualité du contenu généré dépend fortement de l'invite. Affinez et expérimentez différentes structures d'invite pour obtenir les meilleurs résultats.

2. **Ajustement précis des modèles** : pensez à affiner le modèle GPT-4 pour votre domaine spécifique. Cela peut contribuer à améliorer la précision et la pertinence des sujets de niche.

3. **Intégrer les commentaires des utilisateurs** : tenez toujours compte des commentaires des utilisateurs lors du développement d'outils de contenu pour garantir que les résultats sont utiles et de haute qualité.

4. **Limiter l'utilisation des jetons** : tenez compte des limites des jetons lors de la génération de contenu long. Divisez les gros morceaux de contenu en sections plus petites pour optimiser les performances.

Pièges courants

1. **Dépendance excessive à l'IA** : Bien que l'IA soit puissante, vérifiez toujours le contenu généré pour en vérifier la qualité, l'exactitude et la pertinence. GPT-4 peut produire un texte qui semble plausible mais qui est factuellement incorrect.

2. **Invites trop vagues** : évitez les invites vagues qui génèrent un contenu générique ou non pertinent. Soyez précis dans vos instructions à GPT-4 pour garantir des résultats de haute qualité.

3. **Performances et coûts** : la génération de grandes quantités de contenu peut nécessiter beaucoup de ressources. Surveillez l'utilisation des API pour éviter des coûts excessifs.

INTÉGRATION D'API EXTERNES ET DE SOURCES DE DONNÉES POUR UNE FONCTIONNALITÉ D'IA AMÉLIORÉE

À l'ère des applications intelligentes, l'intégration d'API et de sources de données externes dans vos systèmes basés sur l'IA est essentielle pour offrir des expériences dynamiques, en temps réel et hautement personnalisées. Bien que GPT-4 soit un outil incroyablement puissant pour générer du texte, il peut être encore amélioré en incorporant des données externes provenant d'API, de bases de données et de scraping Web tiers. En combinant les capacités de GPT-4 avec des données externes, les développeurs peuvent créer des applications plus robustes et plus sensibles au contexte.

Ce chapitre vous guidera tout au long du processus d'intégration de GPT-4 avec des API tierces, en utilisant le scraping Web pour collecter des données et en intégrant le traitement des données en temps réel dans vos applications. À l'aide d'exemples pratiques et d'instructions étape par étape, vous apprendrez à créer des applications capables d'extraire des données de plusieurs sources pour répondre intelligemment aux requêtes des utilisateurs.

Concepts clés

Avant de plonger dans les applications pratiques, décomposons certains concepts et terminologies essentiels liés à l'intégration d'API externes et de sources de données avec des modèles d'IA comme GPT-4.

1. **API tierces** : il s'agit de services externes qui offrent des fonctionnalités spécifiques, telles que des données météorologiques, des informations financières ou des informations sur les réseaux sociaux. L'intégration de ces API dans votre application vous permet d'augmenter les fonctionnalités de GPT-4 en lui fournissant des données externes à jour.

2. **Web Scraping** : Le Web Scraping est le processus d'extraction de données à partir de sites Web. Dans le contexte des applications d'IA, le Web Scraping peut être utilisé pour collecter des données accessibles au public, telles que les prix des produits, les articles de presse ou même les avis des utilisateurs, qui peuvent ensuite être traitées par GPT-4 pour générer des réponses plus éclairées.

3. **Bases de données** : une base de données stocke des données structurées qui peuvent être interrogées et récupérées. En intégrant GPT-4 à des bases de données, vous pouvez permettre au modèle d'IA de récupérer des données historiques ou spécifiques à l'utilisateur pour générer des réponses basées sur des interactions passées ou des ensembles de données personnalisés.

4. **Traitement des données en temps réel** : Le traitement des données en temps réel consiste à collecter et à analyser les données au fur et à mesure de leur génération, sans délai. Cela est essentiel pour les applications telles que les chatbots en direct ou les outils d'analyse financière, où l'IA doit réagir instantanément aux changements de données.

5. **Réponses dynamiques** : il s'agit de réponses générées par un modèle d'IA qui changent en fonction des données les plus récentes, des saisies de l'utilisateur ou d'autres facteurs en temps réel. L'intégration d'API ou de bases de données externes permet à l'IA de fournir des réponses toujours à jour et contextuellement pertinentes.

Connexion de GPT-4 à des API tierces

L'intégration d'API tierces dans des applications basées sur GPT-4 est l'un des moyens les plus simples d'étendre les fonctionnalités de votre système. Ces API peuvent fournir des données en temps réel, effectuer des tâches spécialisées ou même s'interfacer avec d'autres services tels que des systèmes de paiement ou des plateformes de médias sociaux.

Étape 1 : Configuration de l'accès à l'API

Avant de pouvoir intégrer une API externe, vous devez obtenir une clé ou un jeton API. En règle générale, cela nécessite de vous inscrire sur la plateforme du fournisseur de services, après quoi vous pourrez générer votre clé API unique.

Une fois que vous disposez de votre clé API, vous pouvez commencer à l'intégrer à votre application. Nous allons ici vous montrer comment connecter GPT-4 à une API météo pour fournir aux utilisateurs des informations météorologiques personnalisées.

Exemple : intégration de GPT-4 avec une API météo

Utilisons l'API d'OpenWeatherMap pour récupérer des données météorologiques. Nous l'intégrerons à GPT-4 pour permettre aux utilisateurs de poser des questions sur la météo à un endroit précis, et l'IA répondra avec les prévisions météorologiques actuelles.

```python
import openai
import requests

# Set up your OpenAI API key
openai.api_key = "YOUR_OPENAI_API_KEY"

# Set up your OpenWeatherMap API key
weather_api_key = "YOUR_WEATHER_API_KEY"
weather_url = "http://api.openweathermap.org/data/2.5/weather"

def get_weather(city):
    params = {
        'q': city,
        'appid': weather_api_key,
        'units': 'metric'
    }
    response = requests.get(weather_url, params=params)
    data = response.json()

    if data['cod'] == 200:
        temp = data['main']['temp']
        description = data['weather'][0]['description']
        return f"The current temperature in {city} is {temp}°C with {description}."

    else:
        return "Sorry, I couldn't retrieve the weather information."

def generate_weather_response(city):
    weather_info = get_weather(city)
    prompt = f"The user wants to know about the weather in {city}. Provide a friendly and

    response = openai.Completion.create(
        engine="gpt-4",
        prompt=prompt,
        max_tokens=150,
        temperature=0.7
    )

    return response.choices[0].text.strip()

# Example usage
city = "London"
response = generate_weather_response(city)
print(response)
```

Explication :

- Nous récupérons d'abord les données météorologiques de l'API OpenWeatherMap en fonction de la ville saisie par l'utilisateur.

- Nous intégrons ensuite les données météorologiques dans l'invite de GPT-4, lui permettant de fournir une réponse en langage naturel.

- Les informations météorologiques servent de contexte dynamique à GPT-4 pour générer des réponses pertinentes.

Bonnes pratiques pour l'intégration d'API

- **Gestion des erreurs** : implémentez toujours la gestion des erreurs pour les situations où l'API n'est pas disponible ou renvoie une erreur.

- **Limitation de débit** : de nombreuses API ont des limites de débit. Assurez-vous que votre application gère correctement ces limites pour éviter les interruptions.

- **Mise en cache d'API** : pour les données fréquemment demandées (par exemple, la météo ou les cours des actions), envisagez de mettre en cache les réponses pour réduire les appels d'API et améliorer les performances.

Utilisation du Web Scraping et des bases de données dans vos applications

Alors que les API fournissent des données structurées à partir de sources externes, le scraping Web vous permet de collecter des données directement à partir de sites Web. Cela peut être utile lorsque vous avez besoin d'informations qui ne sont pas disponibles via une API formelle ou lorsque les données sont sous une forme accessible gratuitement.

Étape 1 : Web Scraping avec Python

Pour illustrer le scraping Web, utilisons BeautifulSoup et des requêtes pour scraper un site Web et récupérer des données spécifiques. Ici, nous allons extraire les titres d'un site Web d'actualités et fournir des résumés à l'aide de GPT-4

```python
import requests
from bs4 import BeautifulSoup
import openai

openai.api_key = "YOUR_OPENAI_API_KEY"

def scrape_news():
    url = "https://www.bbc.com/news"
    response = requests.get(url)
    soup = BeautifulSoup(response.text, 'html.parser')

    headlines = []
    for headline in soup.find_all('h3'):
        headlines.append(headline.get_text())

    return headlines[:5]

def summarize_news():
    headlines = scrape_news()
    prompt = "Here are the top news headlines. Summarize each one in one sentence:\n"
    prompt += "\n".join([f"{i+1}. {headline}" for i, headline in enumerate(headlines)])
```

```python
    response = openai.Completion.create(
        engine="gpt-4",
        prompt=prompt,
        max_tokens=250,
        temperature=0.7
    )

    return response.choices[0].text.strip()

# Example usage
summary = summarize_news()
print(summary)
```

Explication :

- Nous récupérons les principaux titres du site Web de BBC News à l'aide de BeautifulSoup et de demandes.

- Nous envoyons ces titres à GPT-4 pour générer des résumés concis pour chaque titre.

Bonnes pratiques pour le Web Scraping :

- **Respectez Robots.txt** : vérifiez toujours le fichier robots.txt d'un site Web pour vous assurer que vous ne violez aucune règle de scraping.

- **Limiter les requêtes** : Pour éviter de surcharger les serveurs, limitez vos requêtes et incluez des délais entre elles.

- **Conformité juridique** : soyez conscient des lois sur les droits d'auteur et l'utilisation des données lorsque vous récupérez du contenu à partir de sites Web.

Étape 2 : Utilisation de bases de données pour le stockage des données

Les bases de données sont essentielles pour stocker et récupérer de grandes quantités de données structurées. L'intégration de GPT-4 avec des bases de données vous permet de créer des applications capables d'extraire des données en fonction des entrées utilisateur ou des interactions précédentes.

Intégrons GPT-4 avec une base de données SQLite simple pour récupérer des informations spécifiques à l'utilisateur et fournir des réponses personnalisées.

```python
import sqlite3
import openai

# Set up OpenAI API key
openai.api_key = "YOUR_OPENAI_API_KEY"

# Initialize SQLite database
conn = sqlite3.connect('user_data.db')
cursor = conn.cursor()

# Create table if it doesn't exist
cursor.execute('''CREATE TABLE IF NOT EXISTS users
                (id INTEGER PRIMARY KEY, name TEXT, favorite_color TEXT)''')

# Insert a sample user
cursor.execute("INSERT INTO users (name, favorite_color) VALUES ('Alice', 'blue')")
conn.commit()

def get_user_data(user_id):
    cursor.execute("SELECT * FROM users WHERE id=?", (user_id,))
    return cursor.fetchone()

def generate_personalized_response(user_id):
    user_data = get_user_data(user_id)
    if user_data:
        name, favorite_color = user_data[1], user_data[2]
        prompt = f"Generate a friendly response for {name} who loves the color
        response = openai.Completion.create(
            engine="gpt-4",
            prompt=prompt,
            max_tokens=100,
            temperature=0.7
        )
        return response.choices[0].text.strip()
    else:
        return "User not found."

# Example usage
user_id = 1
response = generate_personalized_response(user_id)
print(response)
```

Explication :

- Nous stockons les données utilisateur, telles que le nom et la couleur préférée, dans une base de données SQLite.

- GPT-4 génère une réponse personnalisée en fonction des données récupérées dans la base de données.

Bonnes pratiques pour l'intégration de bases de données :

- **Utiliser des requêtes paramétrées** : pour éviter les attaques par injection SQL, utilisez toujours des requêtes paramétrées.

- **Optimiser les requêtes** : assurez-vous que les requêtes sont optimisées pour les performances, en particulier si vous traitez de grands ensembles de données.

- **Sauvegarde des données** : Sauvegardez régulièrement la base de données pour éviter toute perte de données.

Traitement des données en temps réel et réponses dynamiques

Dans de nombreuses applications, vous devez traiter des données en temps réel et générer des réponses dynamiques en fonction de ces données. Cela est particulièrement utile pour des applications telles que les chatbots en direct, les systèmes de suivi des stocks ou les outils de surveillance des réseaux sociaux.

Exemple : Interrogation du cours des actions en temps réel

Utilisons l'API Alpha Vantage pour récupérer les cours des actions en temps réel et l'intégrer à GPT-4 pour fournir des conseils d'investissement personnalisés.

```python
import requests
import openai

openai.api_key = "YOUR_OPENAI_API_KEY"

# Alpha Vantage API key and endpoint
stock_api_key = "YOUR_ALPHA_VANTAGE_API_KEY"
stock_url = "https://www.alphavantage.co/query"

def get_stock_price(symbol):
    params = {
        'function': 'TIME_SERIES_INTRADAY',
        'symbol': symbol,
        'interval': '5min',
        'apikey': stock_api_key
    }
    response = requests.get(stock_url, params=params)
    data = response.json()

    if 'Time Series (5min)' in data:
        latest_time = list(data['Time Series (5min)'].keys())[0]
        latest_data = data['Time Series (5min)'][latest_time]
        price = latest_data['4. close']
        return price
    else:
        return "Could not fetch stock data."

def generate_stock_advice(symbol):
    price = get_stock_price(symbol)
    prompt = f"The user asked for the stock price of {symbol}.

    response = openai.Completion.create(
        engine="gpt-4",
        prompt=prompt,
        max_tokens=150,
        temperature=0.7
    )

    return response.choices[0].text.strip()

# Example usage
stock_symbol = "AAPL"
advice = generate_stock_advice(stock_symbol)
print(advice)
```

Explication :

- Nous récupérons les cours des actions en temps réel à l'aide de l'API Alpha Vantage.

- GPT-4 fournit des conseils d'investissement dynamiques basés sur le dernier cours des actions.

Bonnes pratiques pour les données en temps réel :

- **Gérer la latence** : lorsque vous travaillez avec des données en temps réel, assurez-vous que votre application peut gérer de légers retards dus aux appels d'API ou au traitement des données.

- **Garantir l'exactitude des données** : les systèmes en temps réel dépendent de données précises. Validez et nettoyez les données entrantes avant de les traiter.

- **Mettre à jour rapidement les réponses** : pour les interactions en temps réel, assurez-vous que les réponses de l'IA sont générées rapidement pour fournir aux utilisateurs des informations en temps opportun.

En intégrant des API tierces, des techniques de scraping Web et des bases de données dans vos applications basées sur GPT-4, vous pouvez créer des systèmes dynamiques et intelligents qui fournissent des réponses en temps réel basées sur des informations actualisées. Grâce à une configuration et une optimisation minutieuses, vous pouvez garantir que vos applications fonctionnent efficacement et évoluent selon vos besoins.

Principaux points à retenir :

- Les API, le scraping Web et les bases de données permettent à GPT-4 d'accéder à des sources de données externes pour des réponses plus personnalisées et contextuellement pertinentes.

- Le traitement des données en temps réel améliore l'interactivité et la réactivité des systèmes d'IA.

- Le respect des meilleures pratiques en matière d'intégration d'API, de scraping Web et de gestion de bases de données garantit une fonctionnalité d'IA fiable et efficace.

À mesure que vous développez et optimisez vos applications d'IA, n'hésitez pas à expérimenter différentes sources de données et méthodes d'intégration pour répondre à vos besoins spécifiques. Les possibilités sont illimitées !

Test, débogage et optimisation des applications basées sur GPT-4

Introduction

Développer des applications basées sur GPT-4 ne se résume pas à écrire du code pour effectuer un appel d'API ou intégrer des modèles d'apprentissage automatique. Une fois l'application créée, il est essentiel de la tester, de la déboguer et de l'optimiser de manière rigoureuse pour garantir des performances, une fiabilité et une évolutivité élevées. Ce chapitre se penche sur les techniques et les meilleures pratiques pour déboguer les chatbots et les outils d'IA, garantir que votre application peut évoluer efficacement et l'optimiser en termes de vitesse, de coût et d'expérience utilisateur.

À mesure que les applications basées sur GPT-4 deviennent plus avancées, les développeurs sont confrontés à de nouveaux défis qui nécessitent des stratégies de débogage et d'optimisation réfléchies. Les systèmes d'IA ont souvent des comportements complexes et dynamiques, ce qui signifie que les outils et approches de débogage classiques peuvent devoir être adaptés. Ce chapitre vous aidera à comprendre les concepts clés du débogage des applications basées sur l'IA, vous proposera des exemples pratiques et présentera des méthodes d'optimisation des applications en termes de vitesse, de coût et d'expérience utilisateur.

Concepts clés

Avant de plonger dans des techniques spécifiques, définissons quelques termes et concepts clés qui sont essentiels pour le débogage et l'optimisation des applications pilotées par l'IA :

1. **Débogage** : processus d'identification et de correction des erreurs ou des bogues dans votre code. Le débogage est essentiel pour garantir que votre application GPT-4 fonctionne comme prévu et ne plante pas ou ne se comporte pas de manière imprévisible.

2. **Évolutivité** : désigne la capacité d'une application à gérer des charges ou un trafic croissants sans dégradation des performances. L'évolutivité est particulièrement importante pour les applications d'IA susceptibles de connaître des modèles d'utilisation variables.

3. **Fiabilité** : capacité de votre application à exécuter les fonctions prévues de manière cohérente, sans défaillance, au fil du temps. Une application fiable peut gérer les cas extrêmes, les exceptions et les entrées inattendues avec élégance.

4. **Optimisation** : processus visant à rendre votre application plus rapide, plus efficace et plus rentable. Dans le contexte des applications basées sur GPT-4, l'optimisation implique la réduction du temps de traitement, la minimisation des coûts d'appel d'API et l'amélioration de l'expérience utilisateur.

5. **Expérience utilisateur (UX)** : l'expérience globale d'un utilisateur lorsqu'il interagit avec votre application, notamment la facilité

d'utilisation, la rapidité et la réactivité de l'IA aux requêtes de l'utilisateur. Une bonne expérience utilisateur est essentielle au succès des chatbots IA et d'autres outils conversationnels.

Techniques de débogage des chatbots et outils d'IA

Les systèmes d'IA, notamment les chatbots basés sur GPT-4, peuvent présenter un comportement imprévisible en raison de leur dépendance à des modèles d'apprentissage automatique complexes. Le débogage de tels systèmes nécessite un mélange de techniques de débogage de logiciels traditionnelles et d'approches spécialisées pour les problèmes spécifiques à l'IA.

Étape 1 : Identifier la source du problème

Lors du débogage d'applications fonctionnant sous GPT-4, commencez par identifier l'origine du problème. Les domaines courants qui peuvent nécessiter un débogage incluent :

- **Problèmes d'intégration d'API** : l'application peut ne pas parvenir à interagir avec l'API GPT-4 en raison de clés API incorrectes, de configurations de point de terminaison incorrectes ou de problèmes de limitation de débit.

- **Ingénierie rapide** : si les réponses du modèle sont inexactes ou non pertinentes, cela peut être dû à une mauvaise conception de l'invite.

- **Problèmes de données** : les performances de GPT-4 dépendent fortement de la qualité des données qui lui sont transmises. Si les réponses de votre chatbot sont insensées ou non pertinentes, le problème peut provenir des sources de données utilisées.

Exemple : débogage des appels d'API GPT-4

Supposons que vous disposez d'un chatbot IA qui utilise GPT-4 pour répondre aux requêtes des utilisateurs. Si le bot renvoie des réponses erronées, vous devez vérifier la configuration de l'appel d'API. Vous trouverez ci-dessous un exemple de la manière dont vous pouvez déboguer l'appel d'API.

```python
import openai
import logging

# Set up OpenAI API key
openai.api_key = 'YOUR_OPENAI_API_KEY'

# Enable logging
logging.basicConfig(level=logging.DEBUG)

def debug_api_call(prompt):
    try:
        logging.debug(f"Sending prompt to GPT-4: {prompt}")
        response = openai.Completion.create(
            engine="gpt-4",
            prompt=prompt,
            max_tokens=150,
            temperature=0.7
        )
        return response.choices[0].text.strip()
    except openai.error.OpenAIError as e:
        logging.error(f"API error occurred: {e}")
        return "An error occurred while processing your request."

# Test the function
response = debug_api_call("What's the weather like in Paris?")
print(response)
```

Explication :

- Cet extrait de code ajoute une journalisation pour surveiller l'appel et la réponse de l'API.

- Si la réponse est inattendue, vous pouvez inspecter le journal pour identifier si le problème réside dans l'appel d'API ou dans la manière dont les données sont traitées.

Bonnes pratiques pour le débogage des applications d'IA :

- **Journaliser et surveiller** : enregistrez les appels et les réponses d'API à différentes étapes. Cela peut vous aider à retracer le problème lorsque les choses tournent mal.

- **Utilisez des outils de débogage spécifiques à l'IA** : OpenAI propose une variété de codes d'erreur et de journaux qui peuvent vous aider à comprendre les erreurs d'API et à limiter les problèmes.

- **Testez les cas extrêmes** : assurez-vous de tester votre application avec différents cas extrêmes, tels que des entrées utilisateur ambiguës, des requêtes inattendues ou des demandes nécessitant des temps de réponse longs.

Assurer l'évolutivité et la fiabilité

Pour que les applications basées sur GPT-4 soient utiles dans les environnements de production, elles doivent être évolutives et fiables. Cette section vise à garantir que votre application peut gérer des charges variables, fonctionner correctement sous contrainte et rester stable dans le temps.

Étape 1 : Mise en œuvre de l'équilibrage de charge

L'évolutivité consiste à garantir que votre application peut gérer un grand nombre d'utilisateurs simultanément. L'une des techniques clés pour atteindre l'évolutivité est l'équilibrage de charge, qui répartit les requêtes entrantes sur plusieurs serveurs ou ressources.

Si votre application s'appuie fortement sur les appels d'API GPT-4, vous pouvez envisager les approches suivantes :

- **Limitation de débit** : assurez-vous que votre application gère correctement les limites de débit des API. Utilisez la logique de nouvelle tentative et le backoff exponentiel lorsque la limite de débit est atteinte.

- **Serveurs distribués** : déployez votre application sur plusieurs serveurs pour répartir la charge.

- **Mise en cache** : mettez en cache les réponses fréquentes pour réduire le nombre d'appels d'API. Par exemple, les réponses aux requêtes courantes telles que « Quel temps fait-il ? » peuvent être mises en cache pendant une courte période pour éviter les appels d'API redondants.

Exemple : implémentation de la mise en cache pour les requêtes fréquentes

Pour optimiser l'utilisation de l'API et réduire les coûts, vous pouvez implémenter la mise en cache pour les questions fréquemment posées.

```python
import time
import openai
import hashlib
from cachetools import import TTLCache

# Set up OpenAI API key
openai.api_key = 'YOUR_OPENAI_API_KEY'

# Initialize a cache with a TTL of 60 seconds
cache = TTLCache(maxsize=100, ttl=60)

def get_cached_response(prompt):
    prompt_hash = hashlib.sha256(prompt.encode()).hexdigest()
    
    if prompt_hash in cache:
        return cache[prompt_hash]
    
    response = openai.Completion.create(
        engine="gpt-4",                    ↓
        prompt=prompt,
```

```python
    response = openai.Completion.create(
        engine="gpt-4",
        prompt=prompt,
        max_tokens=150,
        temperature=0.7
    )
    answer = response.choices[0].text.strip()

    # Cache the response
    cache[prompt_hash] = answer
    return answer

# Example usage
prompt = "What's the weather like in New York?"
response = get_cached_response(prompt)
print(response)
```

Explication :

- Ce code implémente un mécanisme de mise en cache pour stocker les réponses aux invites fréquentes.

- Le TTLCache de la bibliothèque cachetools met en cache les réponses pendant 60 secondes, réduisant ainsi le besoin d'appels API répétés pour la même requête.

Bonnes pratiques pour l'évolutivité :

- **Mise à l'échelle horizontale** : envisagez de faire évoluer votre infrastructure horizontalement en ajoutant davantage d'instances de votre application lorsque le trafic augmente.

- **Utiliser les services cloud** : les plateformes cloud comme AWS, Google Cloud et Azure offrent des options de mise à l'échelle et d'équilibrage de charge faciles pour gérer les demandes fluctuantes.

- **Optimisez les appels de base de données** : réduisez les requêtes de base de données inutiles en indexant les champs importants et en mettant en cache les données fréquemment consultées.

Étape 2 : Assurer la fiabilité grâce à la tolérance aux pannes

La fiabilité signifie que votre application peut continuer à fonctionner même si certaines de ses parties tombent en panne. Cela est particulièrement important pour les applications basées sur l'IA, car elles dépendent de services externes qui peuvent parfois tomber en panne.

- **Dégradation progressive** : concevez votre application pour qu'elle se dégrade progressivement si l'API GPT-4 est temporairement indisponible. Au lieu de planter, l'application doit informer l'utilisateur que le service est en panne et proposer des alternatives si possible.
- **Sauvegarde des données** : sauvegardez régulièrement les données utilisateur, les journaux et autres informations essentielles pour garantir une récupération rapide après une panne.

Exemple : gérer les échecs d'API avec élégance

```python
import openai
import time

openai.api_key = 'YOUR_OPENAI_API_KEY'

def get_gpt_response(prompt):
    try:
        response = openai.Completion.create(
            engine="gpt-4",
            prompt=prompt,
            max_tokens=150,
            temperature=0.7
        )
        return response.choices[0].text.strip()
    except openai.error.OpenAIError:
        return "Sorry, the service is temporarily unavailable. Please try again later."

# Example usage
prompt = "What is the capital of Japan?"
response = get_gpt_response(prompt)
print(response)
```

Explication :

- Cet exemple montre comment gérer les erreurs d'API et informer les utilisateurs lorsque le service est en panne.

- La fonction réessaye la requête, mais si l'erreur persiste, elle fournit un message de secours.

Bonnes pratiques pour la fiabilité :

- **Implémenter la logique de nouvelle tentative** : utilisez des stratégies de nouvelle tentative telles que le recul exponentiel pour gérer les erreurs transitoires avec élégance.

- **Surveiller l'application** : Configurez des outils de surveillance pour suivre l'état de l'application et de ses dépendances en temps réel.

- **Échecs des tests** : testez régulièrement les scénarios d'échec pour vous assurer que votre application peut les gérer efficacement.

Optimisation de la vitesse, du coût et de l'expérience utilisateur

L'optimisation des applications basées sur GPT-4 implique de faire des compromis entre vitesse, coût et expérience utilisateur. Si vous souhaitez que votre application soit rapide et réactive, vous devez également maîtriser les coûts, car les appels d'API fréquents peuvent rapidement devenir coûteux.

Étape 1 : Réduire la latence

La vitesse de votre application est essentielle pour l'expérience utilisateur. La latence fait référence au délai entre l'envoi d'une requête et la réception d'une réponse. L'optimisation de la latence consiste à réduire le temps nécessaire à votre application pour traiter la requête d'un utilisateur.

- **Utilisez des invites efficaces** : l'envoi d'invites trop complexes ou trop verbeuses peut augmenter le temps de traitement. Assurez-vous que les invites soient concises et claires.

- **Paralléliser les requêtes** : si votre application nécessite plusieurs appels GPT-4 (par exemple, la récupération de données à partir de plusieurs API), envisagez de paralléliser les requêtes pour réduire le temps d'attente.

Étape 2 : Gérer les coûts

L'utilisation de l'API GPT-4 peut être coûteuse, surtout si votre application implique un grand nombre de requêtes. Voici quelques stratégies d'optimisation des coûts :

- **Optimisez l'utilisation des jetons** : réduisez le nombre de jetons dans vos invites et réponses pour minimiser le coût par appel d'API.
- **Traitement par lots** : pour certaines applications, vous pouvez traiter plusieurs demandes par lots pour réduire les coûts.

Exemple : optimisation des coûts à l'aide de limites de jetons

```python
import openai

openai.api_key = 'YOUR_OPENAI_API_KEY'

def generate_optimized_response(prompt):
    response = openai.Completion.create(
        engine="gpt-4",
        prompt=prompt,
        max_tokens=100,  # Limit the response to 100 tokens
        temperature=0.7
    )
    return response.choices[0].text.strip()

# Example usage
prompt = "Tell me about the Eiffel Tower."
response = generate_optimized_response(prompt)
print(response)
```

Explication :

- Cet exemple montre comment limiter le nombre de jetons dans votre réponse peut aider à réduire le coût de chaque appel d'API.

- Soyez attentif à l'équilibre entre concision et contenu informatif.

Bonnes pratiques d'optimisation :

- **Optimiser les appels d'API** : effectuez uniquement les appels d'API nécessaires et évitez la redondance.

- **Performances du profil** : utilisez des outils de profilage pour mesurer le temps nécessaire à votre application pour répondre aux utilisateurs et identifier les goulots d'étranglement.

- **Conception centrée sur l'utilisateur** : donnez la priorité à l'expérience utilisateur en garantissant que l'application est rapide et facile à utiliser.

Les tests, le débogage et l'optimisation des applications basées sur GPT-4 sont des étapes cruciales pour garantir que votre application fonctionne efficacement, est évolutive et offre une expérience utilisateur positive. En utilisant des techniques de débogage efficaces, en optimisant les performances et les coûts et en garantissant l'évolutivité et la fiabilité, vous pouvez créer des outils robustes basés sur l'IA qui répondent aux attentes des utilisateurs et évoluent avec la croissance de votre application.

www.ingramcontent.com/pod-product-compliance
Lightning Source LLC
Chambersburg PA
CBHW030453220526
45464CB00006B/2517